Die Kunst Des Krieges

Eine Neue Übersetzung

Sun Tzu

List of Contributors: Sun Tzu (Sunzi), Lionel Giles, Alexander K. W.

Sun Tzu war ein chinesischer General, Stratege und Philosoph, der vor mehr als 2000 Jahren lebte. Er ist am besten bekannt für sein Buch Die Kunst des Krieges, das immer noch als eines der wichtigsten Werke über Kriegsführung gilt. In diesem Buch behandelt Sun Tzu die Strategien und Taktiken, die ein erfolgreicher Kriegsführer einsetzen sollte, um seine Feinde zu besiegen. Seine Lehren wurden nicht nur im militärischen Bereich angewendet, sondern beeinflussten auch andere Bereiche wie Wirtschaft und Management.

Die Kunst des Krieges: Eine neue Übersetzung

Copyright © 2023 ISBN-Inhaber

Übersetzung: T. S. Schneider

Ausgabe/Version: 1/8 [Überarbeitet am 18. Mai 2024]

■ AΩ ■

Erweitern Sie Ihren literarischen Horizont und verschenken Sie die Freude am Lesen: Entdecken Sie eine Welt voller fesselnder Bücher, die inspirieren, bilden und unterhalten!

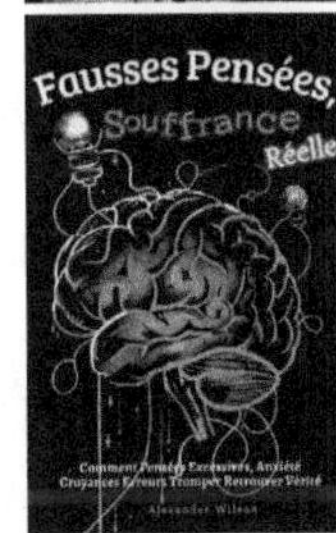

https://www.legendaryeditions.art/

INHALT

VORWORT

Die Kunst des Krieges: Ein zeitloses Meisterwerk, das die Zeiten, Kulturen und Geografen überdauert hat, geschrieben von dem rätselhaften chinesischen Militärstrategen und Philosophen Sun Tzu. Als das älteste militärische Traktat der Welt bekannt, wurde Die Kunst des Krieges seit über 2.500 Jahren adaptiert, studiert und angewendet. Heute ist es ein Muss für Führungskräfte in der Wirtschaft, Militärstrategen, Politiker und Strategen gleichermaßen.

Sun Tzu Lehren über Militärstrategie, Taktik und Diplomatie werden in dreizehn Kapiteln dargestellt, die sich jeweils auf einen anderen Aspekt des Krieges konzentrieren. Das Buch betont die Bedeutung von Wissen, Anpassung und Täuschung in jeder militärischen Kampagne und hebt gleichzeitig die Notwendigkeit von Führung, Entscheidungsfindung und Konfliktlösung hervor.

Die Schönheit der Kunst des Krieges liegt in ihrer Fähigkeit, über das Schlachtfeld hinauszugehen; ihre Prinzipien können in Alltagsbereichen des Lebens beobachtet und angewendet werden. Der Erfolg von Führungskräften in allen Lebensbereichen kann auf die Anwendung von Sun Tzu Lehren zurückgeführt werden, von der Klasse bis zum Konferenztisch, vom Sieg auf dem Schlachtfeld bis zum Erfolg in Verhandlungen.

Unzählige Male übersetzt, fängt Die Kunst des Krieges immer noch die Essenz ihrer ursprünglichen Lehren ein. Ihre Relevanz besteht weiterhin den Test der Zeit, da sie uns hilft, durch die Komplexitäten des modernen Lebens zu navigieren.

Die Kunst des Krieges bleibt der ultimative Leitfaden, um einen Wettbewerbsvorteil zu schaffen und aufrechtzuerhalten. Es ist ein Zeugnis für die Macht des Wissens, der Weisheit und der Strategie. Schließen Sie sich den Millionen an, die dieses Meisterwerk in den Jahrhunderten genossen haben, und entdecken Sie, wie Sun Tzu Lehren einen tiefen Einfluss auf Ihr Leben heute haben können.

I. ANLEITUNG ZUM KRIEG

— Strategisches Denken für den ultimativen Sieg

Für den bevorstehenden Kampf ist es wichtig, einen Plan zu haben. Hierzu ist eine gründliche Analyse der Situation erforderlich. Stelle zuerst deine Stärken und Schwächen sowie die deines Feindes, fest. Berücksichtige das Gelände und jegliche Umweltfaktoren, die das Ergebnis des Kampfes beeinflussen können. Durch diese Schritte legst du ein solides Fundament für eine erfolgreiche Militärkampagne. Konzentriere dich darauf, bevor du Entscheidungen triffst, eine umfassende Analyse der Situation durchzuführen. Verstehe deine eigenen Stärken und Schwächen sowie die des Feindes. Berücksichtige das Gelände und jegliche Umweltfaktoren, die das Ergebnis des Kampfes beeinflussen können.

1. Sun Tzu sagte: Die Kunst des Krieges ist von entscheidender Bedeutung für den Staat.

2. Es handelt sich um eine Frage von Leben und Tod, ein Weg entweder zur Sicherheit oder zum Verderben. Daher ist es ein Untersuchungsgegenstand, der keinesfalls vernachlässigt werden darf.

3. Die Kunst des Krieges wird von fünf ständigen Faktoren geleitet, die bei Überlegungen zu berücksichtigen sind, um die Bedingungen auf dem Schlachtfeld zu bestimmen.

4. Diese sind: (1) Das Moralgesetz; (2) Der Himmel; (3) Die Erde; (4) Der Befehlshaber; (5) Methode und Disziplin.

5-6. Das Moralgesetz bewirkt, dass die Menschen vollkommen mit ihrem Herrscher übereinstimmen, sodass sie ihm folgen werden, ungeachtet ihres Lebens und unerschrocken gegenüber jeder Gefahr.

7. Himmel bedeutet Nacht und Tag, Kälte und Hitze, Zeiten und Jahreszeiten.

8. Die Erde umfasst Entfernungen, groß und klein; Gefahr und Sicherheit; offenes Gelände und enge Pässe; die Chancen des Lebens und des Todes.

9. Der Kommandeur steht für die Tugenden von Weisheit, Aufrichtigkeit, Wohlwollen, Mut und Strenge.

10. Unter Methode und Disziplin versteht man die Aufstellung des Heeres in seinen angemessenen Unterabteilungen, die Hierarchie der Ränge unter den Offizieren, die Instandhaltung von Straßen, über die Versorgung des Heeres gewährleistet werden kann, sowie die Kontrolle der Militärausgaben.

11. Diese fünf Grundsätze sollten jedem General vertraut sein: Wer sie kennt, wird siegreich sein; wer sie nicht kennt, wird scheitern.

12-14. Daher sollten Sie bei Ihren Beratungen, um die militärischen Bedingungen zu bestimmen, folgendermaßen vorgehen: (1) Welcher der beiden Herrscher ist vom moralischen Gesetz durchdrungen? (2) Welcher der beiden Generäle hat die größte Fähigkeit? (3) Bei wem liegen die Vorteile, die aus Himmel und Erde abgeleitet werden? (4) Auf welcher Seite wird die Disziplin am strengsten durchgesetzt? (5) Welche Armee ist stärker? (6) Auf welcher Seite sind Offiziere und Soldaten besser ausgebildet? (7) In welcher Armee gibt es die größere Beständigkeit sowohl bei Belohnung als auch bei Strafe? Mit diesen sieben Überlegungen kann ich Sieg oder Niederlage vorhersagen.

15. Der General, der meinem Rat folgt und danach handelt, wird siegen: Lassen Sie ihn im Kommando bleiben! Der General, der meinem Rat nicht folgt und nicht danach handelt, wird eine Niederlage erleiden: Lassen Sie einen solchen entlassen!

16. Während du auf den Gewinn meines Rats achtest, nutze auch alle hilfreichen Umstände, die über die gewöhnlichen Regeln hinausgehen.

17. Man sollte seine Pläne entsprechend den günstigen Umständen anpassen.

18. Jeder Krieg beruht auf Täuschung.

19. Deshalb müssen wir, wenn wir angreifen können, unfähig erscheinen; wenn wir unsere Kräfte einsetzen, müssen wir inaktiv erscheinen; wenn wir in der Nähe sind, müssen wir den Feind glauben machen, dass wir weit entfernt sind; wenn wir weit entfernt sind, müssen wir ihn glauben machen, dass wir in der Nähe sind.

20. Locken Sie den Feind mit Ködern an. Täuschen Sie Unordnung vor und zerschmettern Sie ihn.

21. Wenn er an allen Punkten gesichert ist, sei auf ihn vorbereitet. Wenn er überlegene Stärke hat, umgeht ihn.

22. Wenn dein Gegner cholerische Stimmung hat, versuche ihn zu reizen. Gib vor, schwach zu sein, damit er überheblich wird.

23. Wenn er sich entspannt, gönnen Sie ihm keine Ruhe. Wenn seine Kräfte vereint sind, trennen Sie sie.

24. Greife ihn an, wenn er unvorbereitet ist, erscheine dort, wo man dich nicht erwartet.

25. Diese militärischen Geräte, die zum Sieg führen, dürfen im Voraus nicht ausgeplaudert werden.

26. Jetzt macht der General, der eine Schlacht gewinnt, viele Berechnungen in seinem Tempel, bevor die Schlacht geschlagen wird. Der General, der eine Schlacht verliert, macht nur wenige Berechnungen im Voraus. So führen viele Berechnungen zum Sieg und wenige Berechnungen zur Niederlage: Wie viel mehr, wenn überhaupt keine Berechnungen gemacht werden! Es ist durch Beachtung dieses Punktes, dass ich vorhersagen kann, wer wahrscheinlich gewinnen oder verlieren wird.

II. KRIEGSFÜHRUNG

— Die Kunst des Kampfes meistern

Die Essenz von Militäroperationen und -taktiken liegt darin, sich den Gegebenheiten anzupassen. Um dem Feind überlegen zu sein, musst du Schwächen in seiner Strategie identifizieren und ausnutzen. Sei flexibel und anpassungsfähig in deiner Herangehensweise an den Krieg. Passe Taktiken an, je nach den sich ändernden Bedingungen auf dem Schlachtfeld. Suche nach Schwachstellen in der Strategie des Feindes und nutze diese, wann immer möglich.

1. Sun Tzu sagte: Bei Militäreinsätzen, bei denen tausend schnelle Autos auf dem Feld sind, so viele schwere Autos und hunderttausend gepanzerte Truppen mit genügend Proviant, um sie tausend Meilen weit zu transportieren, sind die Ausgaben zu Hause und an der Front, einschließlich der Unterhaltungskosten. Gäste, Kleinigkeiten wie Leim und Farbe und Ausgaben für Kutschen und Rüstungen im Wert von tausend Unzen Silber pro Tag. Das sind die Kosten für die Aufstellung einer Armee von 100.000 Mann.

2. Wenn Sie sich auf einen tatsächlichen Kampf einlassen, werden die Waffen der Männer stumpf und ihre Begeisterung wird gedämpft, wenn der Sieg lange auf sich warten lässt. Wenn Sie eine Stadt belagern, werden Sie Ihre Kräfte erschöpfen.

3. Wenn die Kampagne erneut verlängert wird, werden die Ressourcen des Staates dem Druck nicht standhalten können.

4. Wenn nun deine Waffen stumpf sind, dein Eifer gedämpft, deine Kraft erschöpft und dein Schatz aufgebraucht ist, werden andere Anführer aufspringen, um die Gelegenheit deiner Notlage auszunutzen. Dann wird kein Mann, wie weise er auch sein mag, in der Lage sein, die Konsequenzen abzuwenden, die folgen müssen.

5. Daher, obwohl wir von dummem Eiltempo im Krieg gehört haben, wurde List noch nie mit langen Verzögerungen in Verbindung gebracht gesehen.

6. Es gibt keine Beispiele dafür, dass ein Land von langandauernden Kriegen profitiert hat.

7. Nur jemand, der gründlich mit den Übeln des Krieges vertraut ist, kann den profitablen Weg, ihn zu führen, gründlich verstehen.

8. Der geschickte Soldat erhebt keine zweite Rekrutierung, und auch seine Versorgungswagen werden nicht mehr als zweimal beladen.

9. Bringe Kriegsmaterial von zu Hause mit, aber plündere beim Feind. Auf diese Weise wird die Armee genügend Nahrung für ihre Bedürfnisse haben.

10. Die Armut der Staatskasse führt dazu, dass eine Armee durch Beiträge aus der Ferne aufrechterhalten wird. Die Bereitstellung von Mitteln zur Aufrechterhaltung einer Armee in der Ferne führt dazu, dass die Bevölkerung verarmt.

11. Auf der anderen Seite führt die Nähe einer Armee dazu, dass die Preise steigen; und hohe Preise führen dazu, dass der Lebensunterhalt der Menschen ausgeblutet wird.

12. Wenn ihr Besitz erschöpft ist, wird die Landbevölkerung von schweren Abgaben betroffen sein.

13, 14. Mit diesem Verlust an Substanz und Erschöpfung der Kraft werden die Häuser der Menschen ausgeplündert und drei Zehntel ihrer Einkünfte werden aufgebraucht sein. Währenddessen werden die Regierungsausgaben für kaputte Wagen, abgenutzte Pferde, Brustrüstungen und Helme, Pfeile und Bögen, Speere und Schilde, Schutzmantel, Zugochsen und schwere Wägen vier Zehntel ihres Gesamteinkommens betragen.

15. Daher legt einen klugen General Wert darauf, beim Feind Nahrungsmittel zu sammeln. Eine Lkw-Ladung feindlicher Vorräte entspricht zwanzig Lkw-Ladungen Ihrer Vorräte, und ebenso entspricht ein einzelner feindlicher Vorrat zwanzig Ihrer Vorräte.

16. Um den Feind zu töten, müssen unsere Männer zum Zorn erregt werden; damit es von Vorteil ist, den Feind zu besiegen, müssen sie ihre Belohnungen erhalten.

17. Daher sollten im Streitwagenkampf, wenn zehn oder mehr Streitwagen erobert wurden, diejenigen belohnt werden, die den Ersten erobert haben. Unsere eigenen Flaggen sollten anstelle der des Feindes eingesetzt werden und die Streitwagen sollten mit unseren eigenen gemischt und in Zusammenarbeit genutzt werden. Die gefangenen Soldaten sollten freundlich behandelt und behalten werden.

18. Dies wird als Verwendung des besiegten Feindes zur Verstärkung der eigenen Stärke bezeichnet.

19. Im Krieg sollte dein großes Ziel der Sieg sein, nicht lange Kampagnen.

20. Daher kann bekannt sein, dass der Befehlshaber der Armeen der Schiedsrichter des Schicksals des Volkes ist, der Mann, von dem es abhängt, ob die Nation in Frieden oder in Gefahr sein wird.

III. ANGRIFF DURCH STRATAGEME

— Täusche und erobere mit Leichtigkeit

Täuschung und Überraschung können mächtige Instrumente im Krieg sein. Indem du eine Illusion von Stärke oder Schwäche schaffst, kannst du den Feind dazu bringen, auf eine bestimmte Weise zu handeln. Sei kreativ und unvorhersehbar in deiner Herangehensweise an den Krieg. Verwende Taktiken wie Scheinmanöver oder Hinterhalte, um den Feind zu überraschen. Lese die Bewegungen und Reaktionen des Feindes, um auf sich ergebende Möglichkeiten zu reagieren.

1. Sun Tzu sagte: In der praktischen Kunst des Krieges ist das Beste von allem, das Land des Feindes ganz und intakt zu nehmen; es zu zerschmettern und zu zerstören ist nicht so gut. Es ist auch besser, eine Armee vollständig zu übernehmen, anstatt sie zu zerstören, ein Regiment, eine Abteilung oder eine Firma vollständig zu übernehmen, anstatt sie zu zerstören.

2. Daher ist es nicht höchste Exzellenz, in all deinen Kämpfen zu kämpfen und zu besiegen; höchste Exzellenz besteht darin, den Widerstand des Feindes zu brechen, ohne zu kämpfen.

3. Daher besteht die höchste Form der militärischen Führung darin, den Plan des Feindes zu vereiteln. Die Nächstbeste ist, die Vereinigung der feindlichen Truppen zu verhindern. Danach folgt der Angriff auf die feindliche Armee auf dem Schlachtfeld. Die schlechteste Strategie von allen ist es, belagerte Städte anzugreifen.

4. Die Regel lautet, befestigte Städte nicht zu belagern, wenn es irgendwie vermieden werden kann. Die Vorbereitung von Schutzschilden, verschiebbaren Schutzdächern und verschiedenen Kriegswerkzeugen dauert ganze drei Monate; und das Errichten von Hügeln vor den Mauern dauert weitere drei Monate.

5. Der General, der seine Verärgerung nicht unterdrücken kann, wird seine Männer wie einen Ameisenschwarm zum Angriff schicken, mit dem Ergebnis, dass ein Drittel seiner Männer getötet wird, während die Stadt noch intakt ist. So sind die katastrophalen Auswirkungen einer Belagerung.

6. Daher unterwirft der geschickte Anführer die Truppen des Feindes ohne jeglichen Kampf; er erobert ihre Städte, ohne sie zu belagern; er stürzt ihr Königreich ohne lange Operationen auf dem Feld um.

7. Mit seinen Kräften unversehrt wird er die Herrschaft des Imperiums bestreiten und somit, ohne auch nur einen Mann zu verlieren, wird sein Triumph vollständig sein. Dies ist die Methode des Angriffs durch Strategie.

8. In Kriegszeiten gilt die Regel, dass wir, wenn unsere Truppen zehnmal so stark wie die des Feindes sind, ihn umzingeln; wenn das Verhältnis fünf zu eins ist, angreifen; sind wir doppelt so zahlreich, teilen wir unsere Armee in zwei Gruppen.

9. Wenn wir gleich stark sind, können wir uns einem Kampf stellen; wenn wir etwas unterlegen sind, können wir dem Feind ausweichen; wenn wir in jeder Hinsicht deutlich unterlegen sind, können wir vor ihm fliehen.

10. Daher kann eine kleine Truppe zwar einen hartnäckigen Kampf führen, am Ende wird sie jedoch von einer größeren Truppe erobert werden müssen.

11. Nun ist der General der Schutzwall des Staates: Wenn der Schutzwall an allen Punkten vollständig ist, wird der Staat stark sein; wenn der Schutzwall defekt ist, wird der Staat schwach sein.

12-15. Es gibt drei Möglichkeiten, wie ein Herrscher Unglück über seine Armee bringen kann: (1) Indem er der Armee befiehlt, vorzurücken oder zurückzutreten, ohne zu wissen, dass sie dem Befehl nicht folgen kann. Dies wird als "Lahmlegen der Armee" bezeichnet. (2) Indem er versucht, eine Armee auf die gleiche Weise zu regieren, wie er ein Königreich verwaltet, ohne die Bedingungen zu kennen, die in einer Armee herrschen. Das führt zu Unruhe in den Köpfen der Soldaten. (3) Indem er die Offiziere seiner Armee ohne Unterscheidung einsetzt, wegen Unkenntnis des militärischen Prinzips der Anpassung an die Umstände. Dies erschüttert das Vertrauen der Soldaten.

16. Aber wenn das Heer unruhig und misstrauisch ist, ist Ärger von den anderen Feudalherren garantiert. Das bringt einfach Anarchie ins Heer und wirft den Sieg weg.

17. Deshalb können wir wissen, dass es fünf wesentliche Punkte für den Sieg gibt: (1) Derjenige wird gewinnen, der weiß, wann er kämpfen und wann er nicht kämpfen soll. (2) Derjenige wird gewinnen, der weiß, wie er überlegene und unterlegene Kräfte handhaben soll. (3) Derjenige wird gewinnen, dessen Armee von der gleichen Geisteshaltung in allen Rängen belebt wird. (4) Derjenige wird gewinnen, der sich vorbereitet und darauf wartet, den unvorbereiteten Feind anzugreifen. (5) Derjenige wird gewinnen, der militärische Fähigkeiten hat und nicht durch den Souverän gestört wird. Der Sieg liegt im Wissen um diese fünf Punkte.

18. Daher das Sprichwort: Wenn du den Feind kennst und dich selbst kennst, brauchst du das Ergebnis von hundert Schlachten nicht zu fürchten. Wenn du dich selbst kennst, aber nicht den Feind, wirst du bei jedem errungenen Sieg auch eine Niederlage erleiden. Wenn du weder den Feind noch dich selbst kennst, wirst du in jedem Kampf unterliegen.

IV. TAKTISCHE ANORDNUNGEN

— Sich für den überlegenen Vorteil positionieren

Das Verständnis des Terrains und die Nutzung von militärischen Formationen können entscheidend sein, um eine Schlacht zu gewinnen. Platziere deine Truppen auf effektivste Weise. Verstehe das Terrain und wie es das Ergebnis einer Schlacht beeinflussen kann. Positioniere Truppen so, dass ihre Effektivität maximiert wird. Verwende Taktiken wie Flankieren oder Umzingeln des Feindes, um einen Vorteil zu erlangen.

1. Sun Tzu sagte: Die guten Kämpfer von früher haben sich zuerst außerhalb der Möglichkeit einer Niederlage gestellt und dann auf eine Gelegenheit zur Niederlage des Feindes gewartet.

2. Sich selbst vor Niederlagen zu schützen liegt in unseren Händen, jedoch bietet der Feind selbst die Gelegenheit, ihn zu besiegen.

3. Somit kann sich ein guter Kämpfer gegen eine Niederlage absichern, aber er kann nicht sicherstellen, dass er den Feind besiegen wird.

4. Daher das Sprichwort: Man mag wissen, wie man erobert, ohne dazu in der Lage zu sein.

5. Sicherheit gegen Niederlage impliziert defensive Taktiken; die Fähigkeit, den Feind zu besiegen, bedeutet, in die Offensive zu gehen.

6. Im Verteidigungsmodus zu stehen, deutet auf ungenügende Stärke hin; Angriff hingegen auf Überfluss an Kraft.

7. Der General, der in der Verteidigung versiert ist, versteckt sich in den geheimsten Winkeln der Erde; derjenige, der im Angriff versiert ist, blitzt von den höchsten Höhen des Himmels auf. Auf der einen Seite haben wir die Fähigkeit, uns zu schützen; auf der anderen Seite einen vollständigen Sieg.

8. Den Sieg nur zu sehen, wenn er im Verständnis des gemeinen Volkes liegt, ist nicht der Höhepunkt der Exzellenz.

9. Auch ist es nicht der Höhepunkt der Exzellenz, wenn du kämpfst und siegst und das gesamte Reich sagt: "Gut gemacht!

10. Einen Herbsthaarschnitt zu heben, ist kein Zeichen großer Stärke; Sonne und Mond zu sehen, ist kein Zeichen von scharfem Sehvermögen; den Lärm von Donner zu hören, ist kein Zeichen für ein schnelles Gehör.

11. Was die Alten einen klugen Kämpfer nannten, ist jemand, der nicht nur gewinnt, sondern darin übertrifft, mit Leichtigkeit zu gewinnen.

12. Daher bringen ihm seine Siege weder Ruf nach Weisheit noch Anerkennung für Mut.

13. Er gewinnt seine Schlachten, indem er keine Fehler macht. Keine Fehler zu machen ist das, was die Gewissheit des Sieges begründet, denn es bedeutet, einen bereits besiegten Feind zu erobern.

14. Daher nimmt sich der geschickte Kämpfer eine Position ein, die eine Niederlage unmöglich macht, und verpasst nicht den Moment, um den Feind zu besiegen.

15. Daher ist es so, dass der siegreiche Stratege im Krieg nur nach dem Sieg nach der Schlacht sucht, während derjenige, der dazu bestimmt ist zu verlieren, zuerst kämpft und anschließend nach dem Sieg sucht.

16. Der vollendete Anführer pflegt das moralische Gesetz und hält sich strikt an Methode und Disziplin. Dadurch hat er die Macht, den Erfolg zu kontrollieren.

17. In Bezug auf militärische Methoden haben wir zunächst die Messung, zweitens die Einschätzung der Menge, drittens die Berechnung, viertens, das Abwägen von Chancen und fünftens den Sieg.

18. Die Messung verdankt ihre Existenz der Erde; die Schätzung von Quantität der Messung; die Berechnung der Schätzung von Quantität; das Ausbalancieren von Chancen der Berechnung; und der Sieg dem Ausbalancieren von Chancen.

19. Eine siegreiche Armee, die einer besiegten Armee gegenübersteht, ist wie ein Pfund in der Waage gegen ein einziges Korn.

20. Der Ansturm einer erobernden Streitkraft ist wie das Ausbrechen aufgestauten Wassers in eine tausend Faden tiefen Schlucht. Das war es mit taktischen Aufstellungen.

V. ENERGIE

— Ressourcen kanalisieren und lenken

Die Kanalisierung von Energie und Ressourcen zum Sieg kann ein effektiver Weg sein, um Erfolg mit weniger Aufwand zu erreichen. Priorisiere Aufgaben und verwende Ressourcen auf effektivste Weise. Priorisiere Aufgaben und verwende Ressourcen auf effektivste Weise. Erhalte Energie und Ressourcen, wo immer möglich, um strategische Vorteile zu erhalten.

1. Sun Tzu sagte: Die Kontrolle über eine große Streitmacht folgt demselben Prinzip wie die Kontrolle über wenige Männer: Es kommt nur darauf an, ihre Stärke aufzuteilen.

2. Mit einer großen Armee zu kämpfen, die unter Ihrem Befehl steht, unterscheidet sich keineswegs von einem Kampf mit einer kleinen: Es geht nur darum, Zeichen und Signale zu setzen.

3. Um sicherzustellen, dass Ihre gesamte Anzahl dem Angriff des Feindes standhalten und unerschüttert bleiben kann, wird dies durch direkte und indirekte Manöver erreicht.

4. Dass der Einfluss deiner Armee wie ein Schleifstein, der gegen ein Ei geschleudert wird, sein möge – dies wird durch die Wissenschaft der Schwachstellen und Stärken erreicht.

5. Bei jedem Kampf kann die direkte Methode zum Angriff genutzt werden, aber indirekte Methoden sind notwendig, um den Sieg zu erringen.

6. Indirekte Taktiken, effizient angewandt, sind unerschöpflich wie Himmel und Erde, unendlich wie der Fluss von Flüssen und Strömen; wie Sonne und Mond enden sie, um von Neuem zu beginnen; wie die vier Jahreszeiten vergehen sie, um einmal mehr zurückzukehren.

7. Es gibt nicht mehr als fünf musikalische Noten, aber die Kombinationen dieser fünf erzeugen mehr Melodien, als jemals gehört werden können.

8. Es gibt nicht mehr als fünf primäre Farben (Blau, Gelb, Rot, Weiß und Schwarz), aber in Kombination erzeugen sie mehr Farbtöne, als jemals gesehen werden können.

9. Es gibt nicht mehr als fünf grundlegende Geschmacksrichtungen (sauer, scharf, salzig, süß, bitter), aber Kombinationen von ihnen ergeben mehr Aromen, als jemals gekostet werden können.

10. Im Kampf gibt es nicht mehr als zwei Angriffsmethoden – den direkten und den indirekten; doch in Kombination ergeben sich daraus unendlich viele Manöver.

11. Das Direkte und das Indirekte führen abwechselnd zum anderen. Es ist wie ein Kreislauf – man kommt nie an ein Ende. Wer kann die Möglichkeiten ihrer Kombination erschöpfen?

12. Der Beginn der Truppen ist wie der Ansturm eines Stroms, der sogar Steine auf seinem Weg mit sich rollt.

13. Die Qualität einer Entscheidung ähnelt dem gut getimten Sturzflug eines Falken, der ihm ermöglicht, zuzuschlagen und sein Opfer zu vernichten.

14. Daher wird ein guter Kämpfer bei seinem Angriff schrecklich sein und schnell bei seiner Entscheidung sein.

15. Energie kann dem Spannen einer Armbrust gleichgesetzt werden; Entscheidung, dem Loslassen des Abzugs.

16. Mitten im Getümmel und Durcheinander einer Schlacht mag es so aussehen, als herrsche Unordnung, doch in Wahrheit gibt es keine echte Unordnung. Selbst bei Verwirrung und Chaos kann dein Aufmarsch ohne klare Struktur sein, aber trotzdem gegen Niederlagen gewappnet sein.

17. Simuliertes Durcheinander setzt perfekte Disziplin voraus; simuliertes Angstsetzen vorausgesetzte Tapferkeit; simuliertes Schwächesein vorausgesetzte Stärke.

18. Die Verstärkung von Ordnung unter dem Gewand der Unordnung ist lediglich eine Frage der Unterteilung; das Verbergen von Mut hinter einer Fassade der Schüchternheit setzt einen latenten Energievorrat voraus; das Maskieren von Stärke mit Schwäche kann durch taktische Überlegungen erreicht werden.

19. Daher erhält jemand, der geschickt darin ist, den Feind in Bewegung zu halten, trügerische Erscheinungen aufrecht, nach denen der Feind handeln wird. Er opfert etwas, das der Feind ergreifen wird.

20. Indem er Köder ausstellt, hält er ihn in Bewegung; dann lauert er mit einer Gruppe von ausgewählten Männern auf ihn.

21. Der kluge Kämpfer richtet seinen Blick auf die Wirkung der gebündelten Energie und erfordert nicht zu viel von einzelnen Personen. Deshalb vermag er es, die richtigen Männer auszuwählen und kombinierte Energie zu nutzen.

22. Wenn er kombinierte Energie einsetzt, werden seine Kämpfer wie rollende Stämme oder Steine. Denn es ist die Natur von Holz oder Stein, auf ebenem Boden unbeweglich zu bleiben und sich auf einer Gefällestrecke zu bewegen. Wenn es viereckig ist, kommt es zum Stillstand, aber wenn es rund ist, rollt es herunter.

23. Die von guten Kämpfern entwickelte Energie ist daher vergleichbar mit dem Schwung eines runden Steins, der tausende Fuß einen Berg hinuntergerollt wird. Das war also einiges zum Thema Energie.

VI. SCHWACHSTELLEN

— Nutzen Sie die Schwachstellen des Gegners

Das Verständnis der eigenen Stärken und Schwächen und die des Feindes kann im Kampf von großer Bedeutung sein. Führe eine gründliche Analyse der Situation durch. Verstehe deine eigenen Stärken und Schwächen sowie die des Feindes. Suche nach Möglichkeiten, Schwächen in der Strategie des Feindes auszunutzen.

1. Sun Tzu sagte: Wer als Erster auf dem Feld ist und auf den Feind wartet, wird frisch für den Kampf sein; wer als Zweiter auf dem Feld ist und sich beeilen muss, um in die Schlacht zu ziehen, wird erschöpft ankommen.

2. Deshalb zwingt der weise Krieger dem Feind seinen Willen auf, lässt aber nicht zu, dass ihm der Wille des Feindes aufgezwungen wird.

3. Indem er ihm Vorteile bietet, kann er den Feind dazu bringen, von selbst näherzukommen; oder indem er Schaden zufügt, kann er es unmöglich machen, dass der Feind sich nähert.

4. Wenn der Feind sich ausruht, kann man ihn belästigen; wenn er gut mit Nahrung versorgt ist, kann man ihn aushungern; wenn er ruhig lagert, kann man ihn zum Aufbrechen zwingen.

5. Erscheine an Punkten, die der Feind eilig verteidigen muss; marschiere schnell zu Orten, an denen man dich nicht erwartet.

6. Ein Heer kann große Entfernungen ohne Schwierigkeiten marschieren, wenn es durch ein Gelände marschiert, in dem kein Feind vorhanden ist.

7. Sie können sicher sein, in Ihren Angriffen erfolgreich zu sein, wenn Sie nur Orte angreifen, die nicht verteidigt werden. Sie können die Sicherheit Ihrer Verteidigung gewährleisten, wenn Sie nur Positionen halten, die nicht angegriffen werden können.

8. Daher ist ein General im Angriff geschickt, wenn sein Gegner nicht weiß, was er verteidigen soll; und er ist geschickt in der Verteidigung, wenn sein Gegner nicht weiß, was er angreifen soll.

9. O göttliche Kunst der Feinheit und Geheimhaltung! Durch dich lernen wir uns unsichtbar zu machen, durch dich unhörbar; und so können wir das Schicksal des Feindes in unseren Händen halten.

10. Sie können vorrücken und absolut unwiderstehlich sein, wenn Sie sich auf die schwachen Punkte des Feindes konzentrieren; Sie können sich zurückziehen und vor Verfolgung sicher sein, wenn Ihre Bewegungen schneller sind als die des Feindes.

11. Wenn wir kämpfen wollen, kann der Feind zu einem Kampf gezwungen werden, auch wenn er sich hinter einem hohen Wall und einem tiefen Graben verbirgt. Alles, was wir tun müssen, ist an einer anderen Stelle anzugreifen, die er dann gezwungen sein wird zu verteidigen.

12. Wenn wir nicht kämpfen wollen, können wir den Feind daran hindern, uns anzugreifen, auch wenn die Linien unseres Lagers nur auf dem Boden skizziert sind. Alles, was wir tun müssen, ist, ihm etwas Seltsames und Unerklärliches in den Weg zu werfen.

13. Indem wir die Feindesspositionen entdecken und uns selbst unsichtbar halten, können wir unsere Kräfte konzentrieren, während der Feind seine Kräfte aufteilen muss.

14. Wir können einen Einzigen vereinten Körper bilden, während der Feind sich in Bruchstücke aufteilen muss. Daher wird es ein Ganzes gegen separate Teile eines Ganzen geben, was bedeutet, dass wir mehr sein werden als der Feind.

15. Und wenn wir auf diese Weise eine unterlegene Kraft mit einer überlegenen angreifen können, werden unsere Gegner in ernsten Schwierigkeiten sein.

16. Der Ort, an dem wir kämpfen wollen, darf nicht bekannt gegeben werden; denn so müsste sich der Feind auf eine mögliche Attacke an verschiedenen Stellen vorbereiten, und seine Kräfte wären somit in viele Richtungen verteilt, sodass die Anzahl, derer wir an einem bestimmten Punkt gegenüberstehen werden, entsprechend gering sein wird.

17. Denn wenn der Feind seinen vorderen Bereich stärkt, wird er seinen hinteren Bereich schwächen; wenn er seinen hinteren Bereich stärkt, wird er seinen vorderen Bereich schwächen; wenn er seine linke Seite stärkt, wird er seine rechte Seite schwächen; wenn er seine rechte Seite stärkt, wird er seine linke Seite schwächen. Wenn er überall Verstärkungen schickt, wird er überall schwach sein.

18. Numerische Schwäche entsteht durch die Notwendigkeit, sich gegen mögliche Angriffe vorzubereiten; numerische Stärke hingegen ergibt sich aus der Zwängung unseres Gegners, sich gegen uns zu wappnen.

19. Wenn wir den Ort und die Zeit der kommenden Schlacht kennen, können wir uns aus größten Entfernungen konzentrieren, um zu kämpfen.

20. Wenn jedoch weder Zeit noch Ort bekannt sind, kann der linke Flügel dem rechten Flügel nicht helfen, genauso wie der rechte

Flügel dem linken Flügel nicht helfen kann. Die Vorhut kann die Flanke nicht verteidigen und die Flanke kann die Vorhut nicht unterstützen. Umso mehr, wenn die entferntesten Teile der Armee weniger als hundert Meilen und selbst die nächsten mehrere Meilen entfernt sind!

21. Obwohl nach meinen Schätzungen die Soldaten von Yüeh uns in der Anzahl übertreffen, wird ihnen das in Bezug auf den Sieg nichts nützen. Ich behaupte daher, dass der Sieg erreichbar ist.

22. Obwohl der Feind in der Überzahl sein mag, können wir ihn am Kämpfen hindern. Machen Sie einen Plan, um seine Pläne und die Wahrscheinlichkeit ihres Erfolgs zu entdecken.

23. Wecke ihn auf und lerne das Prinzip seiner Aktivität oder Inaktivität kennen. Zwing ihn dazu, sich zu offenbaren, um seine verwundbaren Stellen herauszufinden.

24. Vergleichen Sie sorgfältig das gegnerische Heer mit Ihrem eigenen, damit Sie wissen, wo die Stärke übermäßig ist und wo sie mangelhaft ist.

25. Bei der Erstellung taktischer Maßnahmen erreicht man das höchste Niveau, indem man sie verbirgt. Verbergen Sie Ihre Maßnahmen und Sie sind sicher vor neugierigen Spionen und den Machenschaften der klügsten Köpfe.

26. Wie ein Sieg für sie durch die Taktiken des Feindes errungen werden kann, das kann die Masse nicht begreifen.

27. Alle Männer können die Taktiken sehen, mit denen ich erobere, aber das, was niemand sehen kann, ist die Strategie, aus der der Sieg entsteht.

28. Wiederholen Sie nicht die Taktiken, die Ihnen einen Sieg eingebracht haben, sondern lassen Sie sich von der unendlichen Vielfalt der Umstände bei der Regulierung Ihrer Methoden leiten.

29. Militärtaktiken sind wie Wasser; denn Wasser fließt auf natürliche Weise von hohen Orten weg und eilt abwärts.

30. In Kriegszeiten besteht der Weg darin, das Starke zu meiden und das Schwache anzugreifen.

31. Wasser formt seinen Lauf entsprechend der Natur des Bodens, über den es fließt; der Soldat erarbeitet seinen Sieg im Verhältnis zum Feind, dem er gegenübersteht.

32. Daher gibt es im Krieg keine konstanten Bedingungen, ähnlich wie Wasser keine konstante Form beibehält.

33. Wer seine Taktik in Bezug auf seinen Gegner verändern und dadurch erfolgreich sein kann, kann als geborener Kapitän bezeichnet werden.

34. Die fünf Elemente (Wasser, Feuer, Holz, Metall, Erde) sind nicht immer gleichermaßen dominant; die vier Jahreszeiten folgen einander abwechselnd. Es gibt kurze Tage und lange; der Mond hat seine Perioden des Abnehmers und Zunehmens.

VII. MANÖVRIEREN

— Koordinieren, kommunizieren und erobern

Die Fähigkeit, deine Kräfte in vorteilhafte Positionen zu manövrieren, ist in jedem Kampf von entscheidender Bedeutung. Durch das Über manövrieren des Feindes kannst du einen taktischen Vorteil erlangen. Sei flexibel in deiner Herangehensweise an den Krieg. Manövriere deine Truppen so, dass ihre Effektivität maximiert wird. Suche nach Möglichkeiten, den Feind zu umgehen oder zu über manövrieren.

1. Sun Tzu sagte: Im Krieg erhält der General seine Befehle vom Souverän.

2. Nachdem er eine Armee gesammelt und seine Kräfte konzentriert hat, muss er die verschiedenen Elemente vorsichtig ausgleichen und harmonisieren, bevor er sein Lager aufschlägt.

3. Danach folgt taktisches Manövrieren, das nichts Schwierigeres gibt. Die Schwierigkeit des taktischen Manövrieren liegt darin, das Ausweichende in das Direkte und das Unglück in den Gewinn zu verwandeln.

4. Deshalb zeigt die Fähigkeit, einen langen und umständlichen Weg zu wählen, um den Feind aus der Bahn zu locken und trotzdem

später als er aufzubrechen, um dann das Ziel vor ihm zu erreichen, dass man die Kunst der Abweichung beherrscht.

5. Manövrieren mit einer Armee ist vorteilhaft; mit einer undisziplinierten Menge äußerst gefährlich.

6. Wenn Sie eine voll ausgestattete Armee in Marsch setzen, um einen Vorteil zu erringen, besteht die Gefahr, dass Sie zu spät kommen. Auf der anderen Seite bedeutet das Abtrennen einer Fliegerkolonne für diesen Zweck das Opfern ihrer Gepäck- und Vorratsbestände.

7. Wenn Sie also Ihren Männern befehlen, ihre weichen Mäntel hochzukrempeln und Tag und Nacht ununterbrochen Gewaltmärsche zu machen, die doppelte normale Distanz auf einmal zurückzulegen und hundert Meilen zu laufen, um die Oberhand zu gewinnen, werden die Anführer aller drei Divisionen fallen in die Hände des Feindes.

8. Die stärkeren Männer werden vorn sein, die Erschöpften werden zurückfallen und nach diesem Plan wird nur ein Zehntel Ihrer Armee ihr Ziel erreichen.

9. Wenn Sie fünfzig Meilen marschieren, um den Feind zu überlisten, verlieren Sie den Anführer Ihrer ersten Division und nur die Hälfte Ihrer Streitkräfte wird das Ziel erreichen.

10. Wenn Sie dreißig Meilen zum selben Ziel marschieren, werden zwei Drittel Ihrer Armee eintreffen.

11. Dann können wir davon ausgehen, dass eine Armee ohne ihren Gepäckzug verloren ist; ohne Vorräte ist sie verloren; ohne Versorgungsbasen ist sie verloren.

12. Wir können keine Allianzen eingehen, bevor wir uns mit den Absichten unserer Nachbarn vertraut gemacht haben.

13. Wir sind nicht in der Lage, eine Armee auf dem Marsch zu führen, es sei denn, wir sind mit dem Gesicht des Landes vertraut —

seinen Bergen und Wäldern, seinen Schluchten und Abgründen, seinen Sümpfen und Mooren.

14. Wir werden nicht in der Lage sein, die natürlichen Vorteile zu nutzen, es sei denn, wir nutzen die Dienste von erfahrenen Einheimischen.

15. Im Krieg übe Täuschung und du wirst Erfolg haben. Bewege dich nur, wenn es einen wirklichen Vorteil zu erlangen gibt.

16. Ob man seine Truppen konzentrieren oder aufteilen sollte, muss von den Umständen entschieden werden.

17. Lass deine Schnelligkeit die des Windes sein und deine Kompaktheit die des Waldes.

18. Bei Raubzügen und Plünderungen sei wie Feuer, bei Unbeweglichkeit wie ein Berg.

19. Lass deine Pläne düster und undurchdringlich wie die Nacht sein, und wenn du dich bewegst, schlage wie ein Blitz ein.

20. Wenn du das Land plünderst, soll die Beute unter deinen Männern aufgeteilt werden; wenn du neues Gebiet eroberst, soll es zum Nutzen der Soldaten in Parzellen aufgeteilt werden.

21. Überlege und überdenke, bevor du einen Schritt machst.

22. Er wird siegen, wer die Kunst der Abweichung erlernt hat. Das ist die Kunst des Manövrieren.

23. Das Buch der Heeresführung besagt: Auf dem Schlachtfeld trägt das gesprochene Wort nicht weit genug, und deshalb gibt es die Institution von Gongs und Trommeln. Auch können gewöhnliche Gegenstände nicht klar genug gesehen werden, und deshalb gibt es die Institution von Fahnen und Flaggen.

24. Gongs und Trommeln, Banner und Flaggen sind Mittel, durch die die Ohren und Augen der Gastgeber auf einen bestimmten Punkt gerichtet werden können.

25. Indem sich der Gastgeber zu einem Einzigen vereinten Körper formt, ist es unmöglich für den Tapferen allein vorzurücken oder für den Feigen alleine zurückzuziehen. Das ist die Kunst der Handhabung großer Menschengruppen.

26. Im Nachtkampf solltest du Signalfeuer und Trommeln häufig nutzen, und im Kampf am Tag Flaggen und Banner, um die Ohren und Augen deiner Armee zu beeinflussen.

27. Ein ganzes Heer kann seiner Geisteshaltung beraubt werden; einem Oberbefehlshaber kann seine geistige Präsenz genommen werden.

28. Der Geist eines Soldaten ist am schärfsten am Morgen; am Mittag beginnt er nachzulassen und am Abend ist sein Verstand nur darauf ausgerichtet, zum Lager zurückzukehren.

29. Ein kluger General vermeidet daher eine Armee, wenn ihr Geist scharf ist, greift sie aber an, wenn sie träge und geneigt zum Rückzug ist. Das ist die Kunst, Stimmungen zu studieren.

30. Diszipliniert und ruhig zu bleiben, um auf das Auftreten von Unordnung und Durcheinander unter dem Feind zu warten – das ist die Kunst, Selbstbeherrschung zu bewahren.

31. In der Nähe des Ziels zu sein, während der Feind noch weit entfernt ist, in Ruhe zu warten, während der Feind hart arbeitet und kämpft, gut genährt zu sein, während der Feind hungert: Dies ist die Kunst, seine Kraft zu schonen.

32. Sich zu enthalten, einen Feind abzufangen, dessen Banner perfekt angeordnet sind, sich zu enthalten, eine Armee anzugreifen, die ruhig und selbstbewusst aufgestellt ist – das ist die Kunst, die Umstände zu studieren.

33. Es ist ein militärisches Axiom, nicht bergauf gegen den Feind vorzurücken, noch ihn zu bekämpfen, wenn er bergab kommt.

34. Verfolge keinen Feind, der vorgibt zu fliehen; greife keine Soldaten an, deren Temperament scharf ist.

35. Schlucke nicht den Köder, den der Feind anbietet. Greife nicht in die Angelegenheiten einer Armee ein, die nach Hause zurückkehrt.

36. Wenn Sie eine Armee umgeben, lassen Sie einen Ausweg frei. Drängen Sie keinen verzweifelten Feind zu hart.

37. So ist die Kunst des Krieges.

VIII. VARIATION VON TAKTIKEN

— Unvorhersehbare Manöver zum Erfolg

Die wiederholte Anwendung derselben Taktiken kann dich vorhersehbar und anfällig machen. Um den Feind zu überraschen, variiere deine Taktiken und sei unvorhersehbar. Variiere deine Taktiken und sei unvorhersehbar. Verwende eine Kombination von Taktiken, wie direkte Angriffe und Scheinmanöver, um den Feind aus dem Gleichgewicht zu bringen. Sei bereit, Taktiken je nach den sich ändernden Bedingungen auf dem Schlachtfeld zu ändern.

1. Sun Tzu sagte: Im Krieg erhält der General seine Befehle vom Souverän, sammelt seine Armee und konzentriert seine Kräfte.

2. Bei schwierigem Gelände sollten Sie nicht lagern. Wenn sich hohe Straßen kreuzen, schließen Sie sich Ihren Verbündeten an. Verweilen Sie nicht an gefährlich isolierten Positionen. In eingegrenzten Situationen müssen Sie zu Strategie greifen. In einer verzweifelten Lage müssen Sie kämpfen.

3. Es gibt Straßen, die nicht befahren werden dürfen, Armeen, die nicht angegriffen werden dürfen, Städte, die nicht belagert werden dürfen, Positionen, die nicht umkämpft sein dürfen und Befehle des Souveräns, denen nicht Folge geleistet werden darf.

4. Der General, der die Vorteile einer Variabilität der Taktik gründlich versteht, weiß, wie er seine Truppen leiten kann.

5. Der General, der diese Dinge nicht versteht, mag mit der Geografie des Landes gut vertraut sein, wird jedoch nicht in der Lage sein, sein Wissen in die Praxis umzusetzen.

6. Ein Student des Krieges, der keine Erfahrung in der Kunst hat, seine Pläne zu variieren, obwohl er mit den fünf Vorteilen vertraut ist, wird es nicht schaffen, das Beste aus seinen Männern herauszuholen.

7. Daher werden in den Plänen eines klugen Anführers Überlegungen des Vorteils und des Nachteils miteinander vermischt sein.

8. Wenn unsere Erwartungen auf Vorteile auf diese Weise abgemildert werden, können wir erfolgreich den wesentlichen Teil unserer Pläne erreichen.

9. Wenn wir andererseits inmitten von Schwierigkeiten immer bereit sind, einen Vorteil zu nutzen, können wir uns aus unserem Unglück befreien.

10. Reduzieren Sie die feindlichen Häuptlinge, indem Sie Schäden an ihnen verursachen; und bereiten Sie ihnen Schwierigkeiten, und halten Sie sie ständig beschäftigt; halten Sie verlockende Angebote bereit und lassen Sie sie an jeden gewünschten Ort eilen.

11. Die Kunst des Krieges lehrt uns, uns nicht auf die Wahrscheinlichkeit zu verlassen, dass der Feind nicht kommt, sondern auf unsere eigene Bereitschaft, ihn zu empfangen; nicht auf

die Chance, dass er nicht angreift, sondern vielmehr darauf, dass wir unsere Position unangreifbar gemacht haben.

12. Es gibt fünf gefährliche Fehler, die einen General beeinträchtigen können: (1) Leichtsinnigkeit, die zur Zerstörung führt; (2) Feigheit, die zur Gefangennahme führt; (3) ein hastiges Temperament, der durch Beleidigungen provoziert wird; (4) eine Ehrenraffinesse, die empfindlich für Schande ist; (5) eine übermäßige Fürsorge für seine Männer, die ihn Sorgen und Problemen aussetzt.

13. Dies sind die fünf verderblichen Sünden, die einem General das Kriegführen schwer machen.

14. Wenn eine Armee gestürzt wird und ihr Anführer getötet wird, wird die Ursache sicherlich unter diesen fünf gefährlichen Mängeln zu finden sein. Lass sie Gegenstand der Meditation sein.

IX. DIE ARMEE AUF DEM MARSCH

— Gehen Sie zielstrebig dem Ziel entgegen

Die richtige Vorbereitung und Organisation sind der Schlüssel zum Erfolg in jedem militärischen Feldzug. Bevor du losmarschierst, stelle sicher, dass deine Truppen ausgeruht, gut ernährt und gut ausgerüstet sind. Stelle sicher, dass deine Truppen ausgeruht, gut ernährt und gut ausgerüstet sind, bevor du losmarschierst. Plane für Eventualitäten und sei auf unerwartete Herausforderungen vorbereitet.

1. Sun Tzu sagte: Wir kommen nun zur Frage der Lagerung des Heeres und des Beobachtens von Anzeichen des Feindes. Überquere schnell Berge und halte dich in der Nähe von Tälern auf.

2. Lagere dich an hohen Orten mit Blick auf die Sonne. Klettere nicht auf Berge, um zu kämpfen. Das ist alles, was es zum Kriegführen in den Bergen zu sagen gibt.

3. Nachdem man einen Fluss überquert hat, sollte man sich von ihm fernhalten.

4. Wenn eine einfallende Kraft einen Fluss in ihrem Vorstoß überquert, sollte man nicht im Mittelstrom vorrücken, um ihr

entgegenzutreten. Es ist am besten, die Hälfte der Armee passieren zu lassen und dann den Angriff durchzuführen.

5. Wenn du besorgt bist zu kämpfen, solltest du nicht in der Nähe eines Flusses auf den Eindringling treffen, den er überqueren muss.

6. Verankere dein Schiff höher als der Feind und mit dem Gesicht zur Sonne. Bewege dich nicht flussaufwärts, um dem Feind zu begegnen. Das wäre alles bezüglich der Flusskriegsführung.

7. Beim Überqueren von Salzmarschen sollte deine einzige Sorge sein, schnell und ohne Verzögerung über sie hinwegzukommen.

8. Wenn Sie gezwungen sind, in eine Salzwiese zu kämpfen, sollten Sie Wasser und Gras in Ihrer Nähe haben und Ihren Rücken an einen Baumhain lehnen. Das wäre alles in Bezug auf Operationen in Salzwiesen.

9. In einem trockenen, flachen Gebiet nehmen Sie eine leicht erreichbare Position ein, mit ansteigendem Gelände zu Ihrer Rechten und hinter Ihnen, damit die Gefahr vor Ihnen liegt und Sicherheit hinter Ihnen liegt. So viel zum Kampf in flachem Land.

10. Das sind die vier nützlichen Zweige des militärischen Wissens, die es dem Gelben Kaiser ermöglichten, vier verschiedene Herrscher zu besiegen.

11. Alle Armeen bevorzugen höheres Gelände als niedrigeres und sonnige Orte gegenüber dunklen.

12. Wenn Sie auf Ihre Männer achtgeben und auf hartem Boden lagern, wird die Armee frei von jeder Art von Krankheit sein, und dies wird den Sieg bedeuten.

13. Wenn Sie zu einem Hügel oder einer Böschung kommen, besetzen Sie die sonnige Seite mit dem Hang an Ihrem rechten hinteren Teil. Auf diese Weise handeln Sie sofort zum Nutzen Ihrer Soldaten und nutzen die natürlichen Vorteile des Geländes.

14. Wenn ein Fluss, den Sie durchqueren möchten, aufgrund von starken Regenfällen weiter oben im Land schwoll und mit Schaum bedeckt ist, müssen Sie warten, bis er wieder abgefallen ist.

15. Ein Land mit steilen Klippen, durch die sich kleine Flüsse schlängeln, tiefen natürlichen Höhlungen, engen Orten, verwirrenden Dickichten, Sümpfen und Spalten sollte mit aller möglichen Geschwindigkeit verlassen werden und nicht betreten werden.

16. Während wir uns von solchen Orten fernhalten, sollten wir den Feind dazu bringen, sich ihnen zu nähern; während wir uns ihm stellen, sollten wir dem Feind erlauben, sie von hinten anzugreifen.

17. Wenn in der Nähe Ihres Lagers hügeliges Gelände, Teiche umgeben von Wasserpflanzen oder Wälder mit dichtem Unterholz zu finden sind, müssen diese sorgfältig durchsucht werden, denn dort könnten sich Hinterhalte oder heimtückische Spione verstecken." Eventuell müssen auch flache Täler mit Schilf gefüllt durchsucht werden, denn auch dort kann es sein, dass sich Feinde verstecken.

18. Wenn der Feind in der Nähe ist und ruhig bleibt, verlässt er sich auf die natürliche Stärke seiner Position.

19. Wenn er sich zurückhält und versucht, eine Schlacht zu provozieren, ist er besorgt, dass die andere Seite vorrückt.

20. Wenn sein Lagerplatz leicht zugänglich ist, stellt er eine Falle auf.

21. Bewegung zwischen den Bäumen eines Waldes zeigt an, dass der Feind vorrückt. Das Auftauchen mehrerer Bildschirme inmitten von dichtem Gras bedeutet, dass der Feind uns misstrauisch machen möchte.

22. Das Aufsteigen von Vögeln während ihres Fluges ist das Zeichen einer Hinterhaltung. Verängstigte Tiere deuten darauf hin, dass ein plötzlicher Angriff bevorsteht.

23. Wenn sich Staub in einer hohen Säule erhebt, ist dies das Zeichen für die Vorwärtsbewegung von Wagen; wenn der Staub niedrig ist, aber über ein großes Gebiet verteilt ist, zeigt dies das Herannahen von Infanterie an. Wenn er sich in verschiedene Richtungen verzweigt, zeigt dies, dass Gruppen ausgesandt wurden, um Brennholz zu sammeln. Wenige Staubwolken, die Hin und Her bewegen, signalisieren, dass das Heer ein Lager aufgeschlagen hat.

24. Bescheidene Worte und verstärkte Vorbereitungen sind Anzeichen dafür, dass der Feind vorrücken wird. Gehaltvolle Sprache und ein Vorstoß, als ob man angreifen würde, sind Anzeichen dafür, dass er sich zurückziehen wird.

25. Wenn zuerst die leichten Streitwagen erscheinen und eine Position auf den Flügeln einnehmen, ist dies ein Zeichen dafür, dass der Feind sich für die Schlacht formiert.

26. Friedensvorschläge, die nicht von einem förmlichen Schwur begleitet werden, deuten auf eine Verschwörung hin.

27. Wenn viel Hin- und Herlaufen herrscht und die Soldaten in Reih und Glied fallen, bedeutet dies, dass der entscheidende Moment gekommen ist.

28. Wenn einige gesehen werden, die vorrücken und andere zurückziehen, handelt es sich um eine Falle.

29. Wenn die Soldaten auf ihren Speeren lehnen, sind sie wegen Hunger geschwächt.

30. Wenn diejenigen, die ausgesandt werden, um Wasser zu holen, damit beginnen, selbst zu trinken, leidet die Armee Durst-bedingt.

31. Wenn der Feind einen Vorteil erkennt und sich keine Mühe gibt, ihn zu sichern, sind die Soldaten erschöpft.

32. Wenn sich Vögel an einem Ort versammeln, ist er unbesetzt. Nachts Krach machen, zeugt von Nervosität.

33. Wenn es Unruhe im Lager gibt, ist die Autorität des Generals schwach. Wenn die Banner und Flaggen hin und her geschoben werden, ist Aufruhr im Gange. Wenn die Offiziere wütend sind, bedeutet dies, dass die Männer müde sind.

34. Wenn eine Armee ihre Pferde mit Getreide füttert und ihr Vieh für Nahrung tötet, und wenn die Männer ihre Kochtöpfe nicht über den Lagerfeuern aufhängen, was zeigt, dass sie nicht zu ihren Zelten zurückkehren werden, dann kann man wissen, dass sie entschlossen sind, bis zum Tod zu kämpfen.

35. Der Anblick von Männern, die in kleinen Gruppen flüsternd zusammenstehen oder leise sprechen, deutet auf Unzufriedenheit unter den einfachen Mitgliedern hin.

36. Zu häufige Belohnungen deuten darauf hin, dass der Feind am Ende seiner Ressourcen angelangt ist; zu viele Strafen verraten einen Zustand der großen Not.

37. Mit Prahlerei zu beginnen, aber danach vor der Anzahl des Feindes Angst zu haben, zeigt einen Mangel an Intelligenz.

38. Wenn Gesandte mit Komplimenten im Mund geschickt werden, ist dies ein Zeichen dafür, dass der Feind sich nach einem Waffenstillstand sehnt.

39. Wenn die Truppen des Feindes wütend aufmarschieren und für längere Zeit vor unseren stehen bleiben, ohne entweder in den Kampf einzusteigen oder wieder abzuziehen, fordert diese Situation große Wachsamkeit und Umsicht.

40. Wenn unsere Truppen nicht in einer höheren Anzahl vorhanden sind als der Feind, ist das ausreichend; es bedeutet lediglich, dass kein direkter Angriff möglich ist. Was wir tun können, ist einfach, all unsere verfügbaren Kräfte zu konzentrieren, den Feind im Auge zu behalten und Verstärkung zu bekommen.

41. Wer keine Voraussicht übt, aber seine Gegner leicht nimmt, wird sicherlich von ihnen gefangen genommen werden.

42. Wenn Soldaten bestraft werden, bevor sie sich an dich gewöhnt haben, werden sie nicht gehorsam sein und daher praktisch nutzlos sein. Wenn jedoch Soldaten sich an dich gewöhnt haben und Strafen nicht durchgesetzt werden, werden sie ebenso nutzlos sein.

43. Deshalb müssen Soldaten zunächst menschlich behandelt werden, aber durch eiserne Disziplin unter Kontrolle gehalten werden. Dies ist ein sicherer Weg zum Sieg.

44. Wenn bei der Ausbildung von Soldaten Befehle gewohnheitsmäßig durchgesetzt werden, wird die Armee gut diszipliniert sein; wenn dies nicht der Fall ist, wird ihre Disziplin schlecht sein.

45. Wenn ein General Vertrauen in seine Männer zeigt, aber immer darauf besteht, dass seine Befehle befolgt werden, wird der Gewinn beiderseitig sein.

X. GELÄNDE

— Schwierige Hindernisse mühelos überwinden

Das Verstehen des Terrains und seine Nutzung zu deinem Vorteil kann ein entscheidender Faktor für den Sieg in einer Schlacht sein. Verstehe das Terrain und wie es das Ergebnis einer Schlacht beeinflussen kann. Positioniere deine Truppen an Orten, wo sie aufgrund des Terrains am effektivsten sind. Suche nach Möglichkeiten, das Terrain zu deinem Vorteil zu nutzen.

1. Sun Tzu sagte: Wir können sechs Arten von Gelände unterscheiden, nämlich: (1) zugängliches Gelände; (2) verwickeltes Gelände; (3) zeitlich bedingtes Gelände; (4) enge Pässe; (5) steil ansteigende Berge; (6) Positionen, die weit weg vom Feind liegen.

2. Boden, der von beiden Seiten frei passierbar ist, wird als zugänglich bezeichnet.

3. In Bezug auf Boden dieser Art sei dem Feind zuvor und besetze die erhöhten und sonnigen Plätze und bewache sorgfältig deine Versorgungswege. So wirst du mit Vorteil kämpfen können.

4. Ein Boden, der aufgegeben werden kann, aber schwer wieder eingenommen werden kann, wird als verstrickend bezeichnet.

5. Von einer solchen Position aus können Sie, wenn der Feind unvorbereitet ist, hervorkommen und ihn besiegen. Wenn aber der Feind auf Ihr Kommen vorbereitet ist und Sie ihn nicht besiegen können, wird ein Rückzug unmöglich sein, was zu einer Katastrophe führen wird.

6. Wenn die Position so ist, dass keine Seite durch den ersten Zug etwas gewinnen kann, spricht man von Terrain-Timing.

7. In einer solchen Position sollten wir selbst dann, wenn der Feind uns einen verlockenden Köder anbietet, lieber nicht herauszulocken und uns zurückzuziehen, um so den Feind dazu zu verleiten, seinerseits vorzurücken. Dann können wir mit Vorteil angreifen, wenn ein Teil seiner Armee herauskommen ist.

8. Im Hinblick auf enge Pässe sollte man sie besetzen, sobald es möglich ist, und dann mit starken Besatzungen versehen und auf das Eintreffen des Feindes warten.

9. Sollte der Feind Sie in der Besetzung eines Passes zuvorkommen, verfolgen Sie ihn nicht, wenn der Pass vollständig besetzt ist, sondern nur, wenn er schwach besetzt ist.

10. In Bezug auf steile Höhen sollten Sie, wenn Sie Ihrem Gegner voraus sind, die erhöhten und sonnigen Stellen besetzen und dort auf ihn warten, bis er aufgeholt hat.

11. Wenn der Feind sie vor Ihnen besetzt hat, folgen Sie ihm nicht, sondern ziehen Sie sich zurück und versuchen Sie, ihn wegzulocken.

12. Wenn Sie sich weit entfernt vom Feind befinden und die Stärke der beiden Armeen gleich ist, ist es nicht einfach, eine Schlacht zu provozieren, und das Kämpfen wird zu Ihrem Nachteil sein.

13. Diese sechs sind die Grundsätze verbunden mit der Erde. Der General, der eine verantwortungsvolle Position erreicht hat, muss darauf achten, sie zu studieren.

14. Jetzt ist eine Armee sechs verschiedenen Katastrophen ausgesetzt, die nicht auf natürlichen Ursachen beruhen, sondern auf Fehlern, für die der Kommandeur verantwortlich ist. Diese sind: (1) Flucht, (2) Ungehorsam, (3) Zusammenbruch, (4) Ruin, (5) Desorganisation, (6) Niederlage.

15. Unter sonst gleichen Bedingungen wird, wenn eine Kraft gegen eine andere zehnmal so groß wie sie selbst geworfen wird, das Ergebnis der Flug der ersteren sein.

16. Wenn die einfachen Soldaten zu stark sind und ihre Offiziere zu schwach, führt dies zur Ungehorsamkeit. Wenn die Offiziere zu stark sind und die einfachen Soldaten zu schwach, führt dies zum Zusammenbruch.

17. Wenn die höheren Offiziere wütend und undiszipliniert sind und gegen den Feind kämpfen, um ihre Wut auszudrücken, bevor der Oberbefehlshaber urteilen kann, ob sie in der Lage sind zu kämpfen, führt dies zum Ruin.

18. Wenn der General schwach und ohne Autorität ist; wenn seine Befehle nicht klar und deutlich sind; wenn es keine festen Aufgaben für Offiziere und Männer gibt und die Reihen in einer schlampigen und zufälligen Art und Weise gebildet werden, ist das Ergebnis eine vollständige Desorganisation.

19. Wenn ein General nicht in der Lage ist, die Stärke des Feindes abzuschätzen und er einer unterlegenen Kraft erlaubt, sich einer größeren entgegenzustellen oder er eine schwache Abteilung gegen eine starke wirft, und es versäumt, ausgewählte Soldaten in die vorderste Reihe zu stellen, wird das Ergebnis eine Niederlage sein.

20. Dies sind sechs Möglichkeiten, um eine Niederlage zu provozieren, die vom General, der eine verantwortungsvolle Position erreicht hat, sorgfältig beachtet werden müssen.

21. Die natürliche Formation des Landes ist der beste Verbündete des Soldaten; aber eine Fähigkeit zur Einschätzung des Gegners, zur

Kontrolle der Kräfte des Sieges und zur klugen Berechnung von Schwierigkeiten, Gefahren und Entfernungen stellt den Test für einen großen General dar.

22. Wer diese Dinge kennt und im Kampf seine Kenntnisse praktisch anwendet, wird seine Schlachten gewinnen. Wer sie jedoch nicht kennt oder nicht anwendet, wird sicherlich besiegt werden.

23. Wenn der Kampf sicher zum Sieg führt, dann musst du kämpfen, auch wenn es der Herrscher verbietet; wenn der Kampf nicht zum Sieg führen wird, dann darfst du nicht kämpfen, selbst wenn es der Herrscher befiehlt.

24. Der General, der voranschreitet, ohne Ruhm zu begehren und zurückweicht, ohne sich vor Schande zu fürchten, dessen einziger Gedanke ist, sein Land zu schützen und seinem Souverän gute Dienste zu leisten, ist das Juwel des Königreichs.

25. Betrachte deine Soldaten wie deine Kinder und sie werden dir bis in die tiefsten Täler folgen; betrachte sie wie deine geliebten Söhne und sie werden dir treu bis in den Tod zur Seite stehen.

26. Wenn du jedoch nachsichtig bist, aber unfähig deine Autorität durchzusetzen; herzlich, aber unfähig deine Befehle durchzusetzen; und außerdem unfähig, Unordnung zu verhindern: dann müssen deine Soldaten mit verzogenen Kindern verglichen werden; sie sind für jeden praktischen Zweck unbrauchbar.

27. Wenn wir wissen, dass unsere eigenen Männer bereit sind anzugreifen, aber nicht wissen, dass der Feind nicht angreifbar ist, sind wir nur halbwegs zum Sieg gekommen.

28. Wenn wir wissen, dass der Feind angreifbar ist, aber nicht wissen, dass unsere eigenen Männer nicht in der Lage sind anzugreifen, haben wir erst halbwegs zum Sieg beigetragen.

29. Wenn wir wissen, dass der Feind verwundbar ist und auch wissen, dass unsere Männer bereit sind anzugreifen, aber uns nicht

bewusst ist, dass die Beschaffenheit des Geländes einen Kampf unmöglich macht, sind wir nur halbwegs zum Sieg gekommen.

30. Daher ist der erfahrene Soldat, sobald er in Bewegung ist, niemals verwirrt; sobald er das Lager abgebaut hat, ist er nie ratlos.

31. Daher das Sprichwort: Wenn du den Feind kennst und dich selbst kennst, wird dein Sieg nicht angezweifelt werden; Wenn du Himmel und Erde kennst, kannst du deinen Sieg vollständig machen.

XI. DIE NEUN SITUATIONEN

— Veränderungen verstehen und anpassen

Das Verständnis der neun verschiedenen Arten von Situationen, die in einer Schlacht auftreten können, kann dir helfen, informierter Entscheidungen zu treffen. Verstehe die neun verschiedenen Arten von Situationen, die in einer Schlacht auftreten können. Identifiziere die Situation, in der du dich befindest, und pass deine Taktiken entsprechend an.

1. Sun Tzu sagte: Die Kunst des Krieges erkennt neun Arten von Gelände an: (1) Verstreutes Gelände; (2) Leichtes Gelände; (3) Streitendes Gelände; (4) Offenes Gelände; (5) Gelände mit sich kreuzenden Straßen; (6) Ernsthaftes Gelände; (7) Schwieriges Gelände; (8) Eingeschränktes Gelände; (9) Verzweifeltes Gelände.

2. Wenn ein Häuptling auf seinem eigenen Territorium kämpft, handelt es sich um zerstreute Boden.

3. Wenn er in feindliches Gebiet eingedrungen ist, aber nicht allzu weit, handelt es sich um einfaches Gelände.

4. Ein Grundstück, dessen Besitz für eine der Seiten von großer Bedeutung ist, wird als umkämpftes Gelände bezeichnet.

5. Ein Gelände, auf dem jede Seite Freiheit der Bewegung hat, ist offenes Gelände.

6. Das Gebiet, das der Schlüssel zu drei benachbarten Bundesstaaten bildet, sodass derjenige, der es zuerst besetzt, den größten Teil des Reiches unter Kontrolle hat, ist ein Gebiet von kreuzenden Autobahnen.

7. Wenn eine Armee in das Herz eines feindlichen Landes vorgedrungen ist und dabei eine Reihe von befestigten Städten hinter sich gelassen hat, handelt es sich um ernstes Terrain.

8. Bergwälder, felsige Steilhänge, Sümpfe und Moorlandschaften – alles Land, das schwer zu durchqueren ist: Dies ist schwieriges Gelände.

9. Ein Gelände, das durch enge Schluchten erreicht wird und von dem wir uns nur auf verworrenen Pfaden zurückziehen können, sodass bereits eine kleine Anzahl an Feinden genügt, um eine große Anzahl unserer Männer zu vernichten: Dies ist ein eingeschränktes Gelände.

10. Der Boden, auf dem wir nur durch sofortiges Kämpfen vor Zerstörung gerettet werden können, ist verzweifelter Boden.

11. Auf einem instabilen Untergrund sollte man daher nicht kämpfen. Auf einem leichten Untergrund sollte man nicht verweilen. Auf einem umstrittenen Untergrund sollte man nicht angreifen.

12. Auf offenem Gelände versuche nicht, den Weg des Feindes zu blockieren. Auf einem Gelände mit sich kreuzenden Autobahnen reiche deinen Verbündeten die Hand.

13. Im ernsten Gelände sammelt euch eine Beute. In schwierigem Gelände marschiert unermüdlich weiter.

14. Auf engem Terrain greife auf Strategie zurück. Auf verzweifeltem Terrain kämpfe.

15. Diejenigen, die früher als geschickte Führer bezeichnet wurden, wussten, wie man einen Keil zwischen die Front und den Hinterhalt des Feindes treibt; um die Zusammenarbeit zwischen seinen großen und kleinen Abteilungen zu verhindern; um die guten Truppen daran zu hindern, die schlechten zu retten und die Offiziere daran zu hindern, ihre Männer zu versammeln.

16. Als die Männer des Feindes verstreut waren, verhinderten sie deren Konzentration. Selbst wenn ihre Kräfte vereint waren, schafften sie es, sie in Unordnung zu halten.

17. Wenn es in ihrem Vorteil war, machten sie einen Vorstoß; wenn nicht, hielten sie still.

18. Wenn man gefragt wird, wie man mit einer großen Anzahl von Feinden in geordneter Formation und auf dem Weg zum Angriff umgehen soll, würde ich sagen: "Beginne damit, etwas zu ergreifen, was dein Gegner für wertvoll hält; dann wird er deinem Willen zugänglich sein.

19. Schnelligkeit ist das Wesentliche des Krieges: Nutze die Unvorbereitetheit des Feindes aus, bahne dir Wege über unerwartete Routen und greife ungeschützte Stellen an.

20. Die folgenden Grundsätze sind von einer einfallenden Truppe zu beachten: Je weiter Sie in ein Land eindringen, desto größer wird die Solidarität Ihrer Truppen sein und daher werden die Verteidiger Ihnen nicht standhalten können.

21. Unternimm Ausflüge in fruchtbares Land, um dein Heer mit Nahrung zu versorgen.

22. Untersuche sorgfältig das Wohlbefinden deiner Männer und überlaste sie nicht. Konzentriere deine Energie und schone deine Kräfte. Halte deine Armee ständig in Bewegung und entwerfe unergründliche Pläne.

23. Werfen Sie Ihre Soldaten in Positionen, aus denen es kein Entkommen gibt, und sie werden den Tod dem Fliehen vorziehen. Wenn sie dem Tod ins Gesicht sehen, gibt es nichts, was sie nicht erreichen können. Offiziere und Mannschaften werden gleichermaßen ihre größtmögliche Stärke einsetzen.

24. Soldaten verlieren, wenn sie in verzweifelten Situationen sind, das Gefühl der Angst. Wenn es keinen Zufluchtsort gibt, werden sie standhaft bleiben. Wenn sie sich im Herzen eines feindlichen Landes befinden, werden sie eine hartnäckige Front zeigen. Wenn es keine Hilfe gibt, werden sie hart kämpfen.

25. Somit werden die Soldaten ohne darauf zu warten aufmarschieren, ständig auf der Hut sein; ohne danach gefragt zu werden, werden sie Ihren Willen erfüllen; ohne Einschränkungen werden sie treu sein; ohne Befehle geben zu müssen, können Sie ihnen vertrauen.

26. Verboten sei das Lesen von Vorzeichen und der Glaube an Aberglauben. Dann benötigt bis zum eigenen Tod keine Katastrophe gefürchtet zu werden.

27. Wenn unsere Soldaten nicht überlastet sind mit Geld, dann liegt das nicht daran, dass sie Reichtum ablehnen; wenn ihr Leben nicht übermäßig lang ist, dann liegt das nicht daran, dass sie nicht geneigt sind zur Langlebigkeit.

28. An dem Tag, an dem sie zum Kampf beordert werden, können deine Soldaten weinen, sowohl diejenigen, die aufrecht sitzen und ihre Kleidung mit Tränen benetzen, als auch diejenigen, die am Boden liegen und die Tränen über ihre Wangen laufen lassen. Aber bringen Sie sie erst einmal in die Enge, dann werden sie den Mut eines Chu oder eines Kuei zeigen.

29. Der geschickte Taktiker kann dem Shuai-jan gleichgesetzt werden. Der Shuai-jan ist eine Schlange, die in den Ch'ang-Bergen zu finden ist. Schlage auf ihren Kopf und du wirst von ihrem Schwanz angegriffen; schlage auf ihren Schwanz und du wirst von

ihrem Kopf angegriffen; schlage auf ihre Mitte und du wirst von Kopf und Schwanz gleichzeitig angegriffen.

30. Wenn man mich fragen würde, ob man eine Armee dazu bringen kann, den Shuai-jan zu imitieren, würde ich antworten: Ja. Denn obwohl die Männer von Wu und die Männer von Yüeh Feinde sind, werden sie einander im Notfall zur Hilfe eilen, so wie die linke Hand der rechten Hand hilft, wenn sie in einem Boot sitzen und von einem Sturm überrascht werden, während sie einen Fluss überqueren.

31. Daher ist es nicht ausreichend, sein Vertrauen in das Anbinden von Pferden und das Vergraben von Wagenrädern im Boden zu setzen.

32. Das Prinzip, nach dem eine Armee geführt werden sollte, besteht darin, einen Standard für Mut und Tapferkeit zu etablieren, den alle erreichen müssen.

33. Wie man das Beste aus Stärke und Schwäche macht – das ist eine Frage, die eine angemessene Nutzung des Bodens betrifft.

34. So führt der geschickte General seine Armee, als würde er einen einzigen Mann willkürlich an der Hand führen.

35. Es ist die Aufgabe eines Generals, ruhig zu sein und so Geheimhaltung zu gewährleisten; aufrecht und gerecht zu sein und so Ordnung aufrechtzuerhalten.

36. Er muss in der Lage sein, seine Offiziere und Männer durch falsche Berichte und Erscheinungen zu mystifizieren und sie so in völliger Unwissenheit zu halten.

37. Indem er seine Strategien verändert und seine Pläne ändert, hält er den Feind ungewissen. Indem er sein Lager oft verlegt und unvorhersehbare Routen nimmt, verhindert er, dass der Feind seine Absicht voraussieht.

38. In dem entscheidenden Moment handelt der Anführer einer Armee wie jemand, der auf eine Höhe geklettert ist und dann die

Leiter unter ihm wegtritt. Er führt seine Männer tief in feindliches Gebiet, bevor er sein Spiel offenbart.

39. Er verbrennt seine Boote und zerbricht seine Kochtöpfe; wie ein Hirte, der eine Herde Schafe treibt, treibt er seine Männer hin und her und keiner weiß, wohin er geht.

40. Sein Heer zu mobilisieren und es in Gefahr zu bringen – das kann als das Geschäft des Generals bezeichnet werden.

41. Die verschiedenen Maßnahmen, die für die neun Arten von Boden geeignet sind; die Zweckmäßigkeit von aggressiven oder defensiven Taktiken; und die fundamentalen Gesetze der menschlichen Natur: Das sind Dinge, die unbedingt studiert werden müssen.

42. Bei der Eroberung feindlichen Territoriums lautet das allgemeine Prinzip: Je tiefer man eindringt, desto größer wird die Zusammengehörigkeit; dringt man jedoch nur kurzzeitig ein, bedeutet dies Zersplitterung.

43. Wenn du dein eigenes Land verlässt und deine Armee über das Gebiet der Nachbarschaft bringst, befindest du dich auf kritischem Boden. Wenn es auf allen vier Seiten Kommunikationsmittel gibt, ist der Boden von kreuzenden Autobahnen geprägt.

44. Wenn man tief in ein Land eindringt, ist es ernsthaftes Terrain. Wenn man jedoch nur eine kleine Strecke durchdringt, ist es leichtes Terrain.

45. Wenn sich die Stützpunkte des Feindes hinter Ihnen befinden und enge Pässe vor Ihnen liegen, ist das Gelände eingeengt. Wenn es keinen Zufluchtsort gibt, handelt es sich um verzweifeltes Gelände.

46. Daher würde ich auf instabilem Boden meine Männer mit einer einheitlichen Absicht inspirieren. Auf einfacherem Gelände

würde ich sicherstellen, dass es eine enge Verbindung zwischen allen Teilen meiner Armee gibt.

47. In umstrittenem Terrain würde ich meinen Hintern beeilen.

48. Auf offenem Gelände würde ich ein wachsames Auge auf meine Verteidigung haben. Auf einem Gelände mit sich kreuzenden Autobahnen würde ich meine Allianzen festigen.

49. Auf schwerem Gelände würde ich versuchen, einen kontinuierlichen Strom von Vorräten zu gewährleisten. Auf schwierigem Gelände würde ich weiterhin entlang der Straße voranschreiten.

50. Auf engem Gebiet würde ich jeden Rückzugsweg blockieren. Auf verzweifeltem Boden würde ich meinen Soldaten die Hoffnungslosigkeit rettender Maßnahmen verkünden.

51. Denn es ist die Einstellung des Soldaten, einen hartnäckigen Widerstand zu leisten, wenn er umzingelt ist, hart zu kämpfen, wenn er sich selbst nicht helfen kann, und prompt zu gehorchen, wenn er in Gefahr geraten ist.

52. Wir können keine Allianz mit benachbarten Fürsten eingehen, bevor wir ihre Absichten kennen. Wir sind nicht geeignet dazu, eine Armee auf dem Marsch anzuführen, es sei denn, wir sind mit dem Gesicht des Landes vertraut – seinen Bergen und Wäldern, seinen Fallstricken und Abgründen, seinen Sümpfen und Morasten. Wir werden nicht in der Lage sein, natürliche Vorteile zu nutzen, es sei denn, wir machen Gebrauch von einheimischen Führern.

53. Ein kriegsführender Prinz sollte keines der folgenden vier oder fünf Prinzipien ignorieren können.

54. Wenn ein kriegstreiberischer Fürst einen mächtigen Staat angreift, zeigt sich sein taktisches Geschick darin, die Konzentration der feindlichen Kräfte zu verhindern. Er überrascht seine Gegner und verhindert, dass sich deren Verbündete gegen ihn zusammenschließen.

55. Deshalb strebt er nicht danach, sich mit allem und jedem zu verbünden, noch fördert er die Macht anderer Staaten. Er führt seine eigenen geheimen Pläne aus und hält seine Gegner in Schach. Auf diese Weise ist er in der Lage, ihre Städte zu erobern und ihre Königreiche zu stürzen.

56. Belohne ohne Rücksicht auf Regeln, gib Befehle ohne Rücksicht auf vorherige Absprachen aus; und du wirst in der Lage sein, eine ganze Armee zu führen, als ob du es nur mit einem einzigen Mann zu tun hättest.

57. Konfrontieren Sie Ihre Soldaten direkt mit der Tat selbst und lassen Sie sie niemals Ihre Absicht wissen. Bei positivem Ausblick zeigen Sie ihnen die Tat; aber wenn die Lage düster ist, sagen Sie ihnen nichts.

58. Stelle deine Armee in eine tödliche Gefahr und sie wird überleben; bringe sie in verzweifelte Situationen und sie wird sicher davonkommen.

59. Denn genau dann, wenn eine Kraft in Gefahr gerät, ist sie fähig, einen Sieg zu erringen durch einen entscheidenden Schlag.

60. Erfolg im Krieg wird erreicht, indem wir uns sorgfältig an den Zweck des Feindes anpassen.

61. Indem wir hartnäckig an der Flanke des Feindes bleiben, werden wir letztendlich den Oberbefehlshaber töten können.

62. Dies wird als Fähigkeit bezeichnet, eine Sache durch pure List zu erreichen.

63. Am Tag Ihrer Amtsübernahme blockieren Sie die Grenzübergänge, zerstören die offiziellen Aufzeichnungen und unterbinden die Durchreise aller Boten.

64. Sei streng im Ratssaal, damit du die Situation kontrollieren kannst.

65. Wenn der Feind eine Tür offen lässt, musst du hereinstürmen.

66. Verhindere deinen Gegner, indem du das ergreifst, was ihm lieb und teuer ist, und geschickt darauf abzielst, seine Ankunft am Boden zu timen.

67. Gehe den Weg, der durch Regeln festgelegt ist und passe dich dem Feind an, bis du einen entscheidenden Kampf führen kannst.

68. Zu Beginn zeige also die Schüchternheit einer Jungfrau, bis der Feind eine Lücke offenbart; danach ahme die Schnelligkeit eines rennenden Hasen nach und es wird zu spät für den Feind sein, um dir entgegenzutreten.

XII. DER ANGRIFF DURCH FEUER

— Meisterschaft mit Kraft und Präzision

Die Nutzung von Feuer als Waffe kann ein effektiver Weg sein, um den Feind zu demoralisieren und einen taktischen Vorteil zu erlangen. Nutze Feuer als Waffe, wenn es angebracht ist. Suche nach Möglichkeiten, den Feind zu demoralisieren und einen taktischen Vorteil zu erlangen.

1. Sun Tzu sagte: Es gibt fünf Möglichkeiten, mit Feuer anzugreifen. Die Erste ist, die Soldaten in ihrem Lager anzuzünden; die Zweite ist, Vorräte anzuzünden; die Dritte ist, Gepäckzüge anzuzünden; die Vierte ist, Arsenale und Magazine anzuzünden; die Fünfte ist, Feuerbälle unter den Feind zu werfen.

2. Um einen Angriff durchzuführen, müssen wir Mittel zur Verfügung haben. Das Material zur Entfachung von Feuer sollte immer einsatzbereit gehalten werden.

3. Es gibt eine passende Jahreszeit für Angriffe mit Feuer und spezielle Tage für den Beginn einer Brandkatastrophe.

4. Die passende Jahreszeit ist dann, wenn das Wetter sehr trocken ist; die besonderen Tage sind solche, an denen der Mond in den Konstellationen dem Sieb, der Mauer, des Flügels oder der Querstange steht; denn diese vier Tage sind alle Tage mit aufkommendem Wind.

5-10. Beim Angriff mit Feuer sollte man bereit sein, fünf möglichen Entwicklungen zu begegnen: (1) Wenn ein Feuer innerhalb des feindlichen Lagers ausbricht, antworten Sie sofort mit einem Angriff von außen. (2) Wenn es zu einem Feuerausbruch kommt, aber die feindlichen Soldaten ruhig bleiben, warten Sie ab und greifen Sie nicht an. (3) Wenn die Kraft der Flammen ihren Höhepunkt erreicht hat, folgen Sie ihm mit einem Angriff, wenn möglich; wenn nicht, bleiben Sie, wo Sie sind. (4) Wenn es möglich ist, einen Angriff mit Feuer von außen zu machen, warten Sie nicht darauf, dass es von innen ausbricht, sondern führen Sie Ihren Angriff zum günstigen Zeitpunkt aus. (5) Seien Sie bei der Entfachung eines Feuers am windabgewandten Ort. Greifen Sie nicht von der Leeseite aus an.

11. Ein Wind, der am Tag aufkommt, hält lange an, aber eine Nachtbrise fällt schnell wieder ab.

12. In jeder Armee müssen die fünf Entwicklungen, die mit Feuer zusammenhängen, bekannt sein, die Bewegungen der Sterne berechnet werden und ein Auge auf die geeigneten Tage gerichtet werden.

13. Deshalb zeigen diejenigen, die Feuer als Hilfe beim Angriff verwenden, Intelligenz; diejenigen, die Wasser als Hilfe beim Angriff verwenden, gewinnen zusätzliche Stärke.

14. Durch Wasser kann ein Feind abgefangen werden, aber nicht aller seiner Habseligkeiten beraubt werden.

15. Unglücklich ist das Schicksal desjenigen, der versucht, seine Schlachten zu gewinnen und seine Angriffe zu erfolgreichem Abschluss zu bringen, ohne den Geist des Unternehmertums zu

kultivieren; denn das Ergebnis ist Zeitverschwendung und allgemeine Stagnation.

16. Daher besagt das Sprichwort: Der erleuchtete Herrscher plant weit voraus; der gute General pflegt seine Ressourcen.

17. Bewege dich nicht, es sei denn, du erkennst einen Vorteil; setze deine Truppen nicht ein, es sei denn, es gibt etwas zu gewinnen; kämpfe nicht, es sei denn, die Position ist kritisch.

18. Kein Herrscher sollte Truppen aufstellen, nur um seine eigene Laune zu befriedigen; kein General sollte eine Schlacht aus bloßem Ärger führen.

19. Wenn es von Vorteil ist, mache einen Schritt nach vorn; wenn nicht, bleibe, wo du bist.

20. Ärger kann mit der Zeit erfreulich werden; Verärgerung kann von Zufriedenheit abgelöst werden.

21. Aber ein Königreich, das einmal zerstört wurde, kann niemals wieder entstehen; noch können die Toten jemals wieder zum Leben erweckt werden.

22. Daher ist der aufgeklärte Herrscher achtsam und der gute General voller Vorsicht. Dies ist der Weg, um ein Land in Frieden zu halten und eine Armee intakt zu erhalten.

XIII. DIE VERWENDUNG VON SPIONEN

— Informationen führen zum Sieg

Das Sammeln von Informationen über den Feind kann im Kampf von bedeutendem Vorteil sein. Die Nutzung von Spionen kann wertvolle Informationen über die Pläne und Bewegungen des Feindes liefern. Nutze Spione, um Informationen über den Feind zu sammeln. Verwende diese Informationen, um informierter Entscheidungen zu treffen und einen taktischen Vorteil zu erlangen.

1. Sun Tzu sagte: Eine Armee von hunderttausend Mann aufzustellen und große Entfernungen zu marschieren, verursacht einen schweren Verlust für die Bevölkerung und eine Belastung für die Ressourcen des Staates. Die täglichen Ausgaben werden tausend Unzen Silber betragen. Es wird Unruhe im In- und Ausland geben und Männer werden erschöpft auf den Straßen zusammenbrechen. Bis zu sieben hunderttausend Familien werden in ihrer Arbeit behindert sein.

2. Feindliche Armeen können sich jahrelang gegenüberstehen und auf den Sieg hinarbeiten, der an einem einzigen Tag entschieden wird. In diesem Zusammenhang ist es unmenschlich, sich aufgrund

von Unlust, hundert Unzen Silber für Ehrungen und Gehälter auszugeben, über den Zustand des Feindes im Unklaren zu lassen.

3. Jemand, der so handelt, ist kein Anführer von Menschen, keine aktuelle Hilfe für seinen Souverän, kein Meister des Sieges.

4. Deshalb ist Vorher Wissen das, was dem weisen Herrscher und dem guten General ermöglicht, zu schlagen, zu erobern und Dinge zu erreichen, die für gewöhnliche Menschen unerreichbar sind.

5. Diese Vorhersehung kann nicht von Geistern erlangt werden; sie kann nicht induktiv aus Erfahrungen gewonnen oder durch jede deduktive Berechnung erhalten werden.

6. Wissen über die Absichten des Feindes kann nur von anderen Menschen erlangt werden.

7. Daher der Einsatz von Spionen, von denen es fünf Klassen gibt: (1) Lokale Spione; (2) Innere Spione; (3) Konvertierte Spione; (4) Verurteilte Spione; (5) Überlebende Spione.

8. Wenn all diese fünf Arten von Spionen aktiv sind, kann keiner das geheime System entdecken. Dies wird "göttliche Manipulation der Fäden" genannt und ist die wertvollste Fähigkeit des Herrschers.

9. Die Verwendung von lokalen Spionen bedeutet, die Dienste der Bewohner eines Bezirks zu nutzen.

10. Das Haben von Innen-Spionen und die Nutzung feindlicher Beamter.

11. Durch die Überführung von Spionen, das Erhalten feindlicher Spione und ihre Nutzung für unsere eigenen Zwecke.

12. Indem man Spione verurteilt, gewisse Dinge offen zur Täuschung tut und unseren eigenen Spionen erlaubt, davon zu wissen und sie dem Feind zu melden.

13. Überlebende Spione sind schließlich jene, die Nachrichten aus dem Lager des Feindes zurückbringen.

14. Daher ist es von größter Bedeutung, enge Beziehungen zu Spionen im gesamten Militär aufrechtzuerhalten. Sie sollten großzügig belohnt werden, da keine andere Maßnahme so wichtig ist wie die Wahrung von Geheimhaltung in diesem Bereich.

15. Spione können nicht nützlich eingesetzt werden, ohne eine gewisse intuitive Klugheit zu besitzen.

16. Sie können nicht ordnungsgemäß verwaltet werden, ohne Wohlwollen und Aufrichtigkeit.

17. Ohne subtilen Einfallsreichtum kann man sich der Richtigkeit ihrer Berichte nicht sicher sein.

18. Sei subtil! Sei subtil! Und nutze deine Spione für jede Art von Geschäft.

19. Wenn ein geheimes Stück Nachrichten von einem Spion vor der rechten Zeit enthüllt wird, muss er zusammen mit dem Mann, dem das Geheimnis erzählt wurde, getötet werden.

20. Egal, ob das Ziel darin besteht, eine Armee zu zerschlagen, eine Stadt zu stürmen oder eine Person zu ermorden, es ist immer notwendig, zunächst die Namen der Begleiter, der Adjutanten, der Türwächter und Wachen des Kommandierenden Generals herauszufinden. Unsere Spione müssen beauftragt werden, dies zu ermitteln.

21. Die Spione des Feindes, die gekommen sind, um uns auszuspionieren, müssen aufgespürt, mit Bestechungsgeldern verführt, weggeführt und bequem untergebracht werden. Auf diese Weise werden sie zu konvertierten Spionen und für unseren Dienst verfügbar sein.

22. Es ist durch die Informationen, die von dem konvertierten Spion gebracht wurden, dass wir in der Lage sind, lokale und eingehende Spione zu erwerben und zu beschäftigen.

23. Es ist wiederum seiner Information zu verdanken, dass wir den verurteilten Spion dazu bringen können, falsche Nachrichten an den Feind zu übermitteln.

24. Zuletzt kann der überlebende Spion durch seine Informationen bei festgelegten Gelegenheiten eingesetzt werden.

25. Das Ziel und Ende aller fünf Arten von Spionage ist das Wissen über den Feind; und dieses Wissen kann nur in erster Instanz von dem konvertierten Spion abgeleitet werden. Daher ist es unerlässlich, dass der konvertierte Spion mit größter Liberalität behandelt wird.

26. Früher war der Aufstieg der Yin-Dynastie auf I Chih zurückzuführen, der unter den Hsia gedient hatte. Ebenso war der Aufstieg der Zhou-Dynastie auf Lü Ya zurückzuführen, der unter den Yin gedient hatte.

27. Deshalb nutzen nur der aufgeklärte Herrscher und der weise General die höchste Intelligenz des Heeres für Spionagezwecke, um dadurch großartige Ergebnisse zu erzielen. Spione sind ein äußerst wichtiger Teil der Kriegsführung, da die Bewegungsfähigkeit einer Armee von ihnen abhängt.

INDEX